www.ingramcontent.com/pod-product-compliance
Lightning Source LLC
Chambersburg PA
CBHW041305240426
43661CB00011B/1027
9781839905131